W0068844

W0068844

Riesen, Zwerge, Schwergewichte

Für Simon, der das strahlendste Lächeln hat!
V.A.

Ebenfalls erhältlich:

ISBN 978-3-8369-5328-3

ISBN 978-3-8369-5364-1

ISBN 978-3-8369-5748-9

ISBN 978-3-8369-5811-0

Unser besonderer Dank für die wissenschaftliche Durchsicht des Textes gilt
Christiane Denys, Aude Lalis, Hélène Perrin, Jean-Philippe Siblet, Philippe Clergeau.

Layout und Gestaltung: cedricramadier.com
Die Originalausgabe erschien 2014 unter dem Titel *Inventaire des records de la nature*
bei Albin Michelle Jeunesse, Paris
Copyright © 2014 Albin Michelle Jeunesse
Alle Rechte vorbehalten

Deutsche Ausgabe Copyright © 2016 Gerstenberg Verlag, Hildesheim
Alle deutschsprachigen Rechte vorbehalten
Übersetzung: Ursula Bachhausen, Solingen
Lektorat: Sarah Pasquay, Hildesheim
Fachliche Durchsicht: Jorunn Wissmann, Binnen
Printed in China

www.gerstenberg-verlag.de

ISBN 978-3-8369-5868-4

Virginie ALADJIDI

Emmanuelle TCHOUKRIEL

Riesen, Zwerge, Schwergewichte

über
100 Natur-
rekorde

 GERSTENBERG

Rekordverdächtig und verblüffend: Die Natur ist eine Welt der Wunder!

Wusstet ihr schon, dass …

… manche Insekten so schwer sind wie eine Tafel Schokolade?

… es eine Blume gibt, die noch den größten Menschen überragt?

… manche Vögel so schnell fliegen, dass sie einen ICE überholen könnten, der mit Höchstgeschwindigkeit fährt?

In diesem Buch geht es um Spitzenwerte in der Welt der Natur. Wer oder was ist am größten, schwersten, schnellsten? Und wer oder was am kleinsten, leichtesten, langsamsten? Die Welt der Natur ist voller faszinierender, manchmal kaum vorstellbarer Rekorde.

Wer Ausschau hält nach wahren Meisterleistungen, wird schnell feststellen, dass es in der Natur niemals langweilig zugeht. Ganz im Gegenteil! Sie ist immer für eine Überraschung gut. Um das zu erkennen, braucht man nur einen wachen Blick, einen offenen Geist und den festen Glauben daran, dass das Unmögliche möglich ist.

So lassen sich in der Tierwelt (bei Säugetieren ebenso wie bei Vögeln, Fischen und Insekten), der Pflanzenwelt und der unbelebten Natur (bei Gewässern, Gebirgen und Kontinenten) die erstaunlichsten Entdeckungen machen.

Schon ganz kleine Kinder lieben es, zu ordnen und zu klassifizieren: Dieses Buch wird gewiss ihre Begeisterung wecken für die wunderbare Welt, in der wir leben.

Virginie Aladjidi stellt in diesem Buch mehr als hundert Rekorde aus der Welt der Tiere, Pflanzen und unbelebten Natur vor, die von Emmanuelle Tchoukriel mit gekonntem Pinselstrich festgehalten wurden. Für die schwarzen Konturen ihrer Bilder greift die auf wissenschaftliche Illustrationen spezialisierte Grafikerin zu Rotring-Zeichenstift und Tusche. Außerdem benutzt sie Aquarellfarben, die je nach Farbton sehr durchscheinend wirken können.

Inhaltsverzeichnis
WER, WO, WAS?

Das **schwerste** Tier aller Zeiten

EIN RIESIGER CHAMPION!

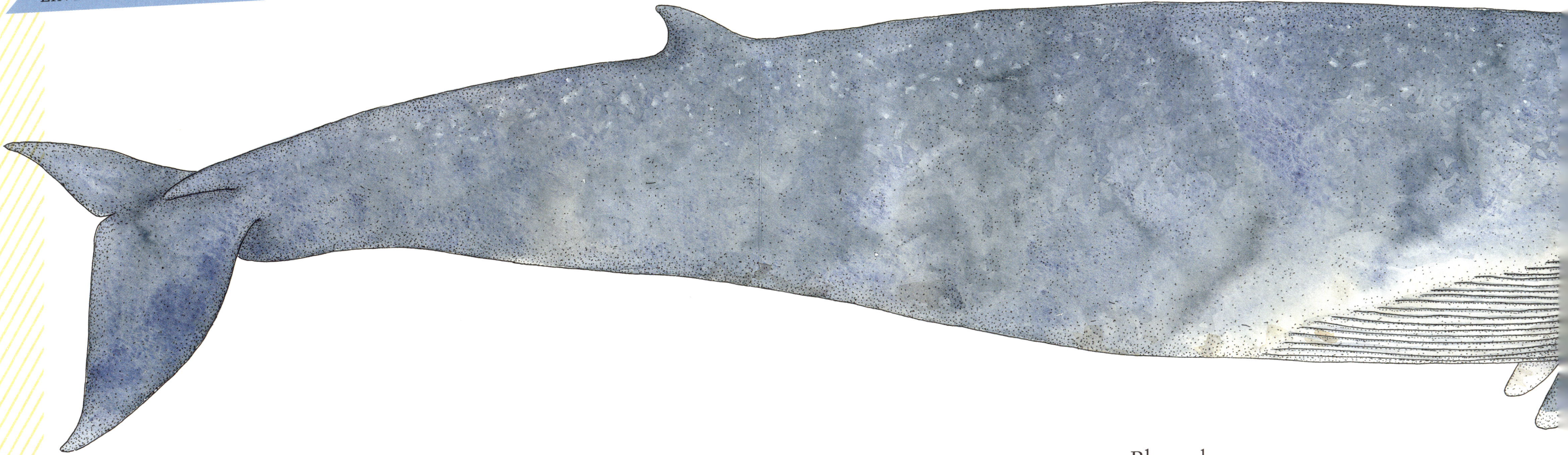

Blauwal

Balaenoptera musculus

Klasse: SÄUGETIERE

Der Blauwal ist bis zu 30 Meter lang, also fast genauso lang wie zwei Busse, und wiegt bis zu 180 Tonnen. Zum Vergleich: Der größte bekannte Dinosaurier, der Argentinosaurus, wog „nur" rund 80 Tonnen. Die Luftsäule, die der Blauwal ausstößt, wenn er zum Atmen an die Wasseroberfläche kommt, kann bis in 12 Meter Höhe reichen. Seine Flossen sind 3 bis 4 Meter lang. Jede der 300 Barten in seinem Maul ist bis zu 1 Meter lang.

info+

- Sein Herz wiegt 600 Kilogramm (so viel wie ein Kleinwagen).
- Er frisst im Schnitt täglich 2 Tonnen Nahrung, also mehr als 1 Kilogramm pro Minute!
- Er kann bis in 500 Meter Tiefe tauchen.
- Dank seiner kräftigen Schwanzflosse erreicht er eine Durchschnittsgeschwindigkeit von 30 Stundenkilometern.

Das
schwerste
Tier

Der größte Kontinent der Erde

BIS HEUTE NICHT UMRUNDET!

Asien

Mit einer Fläche von mehr als 44 000 000 Quadratkilometern ist Asien viermal so groß wie Europa. Fast 60 Prozent der gesamten Weltbevölkerung wohnen dort. Dabei besteht Asien aus „nur" 45 Ländern, wohingegen Afrika 54 Länder hat. Wissenschaftler unterteilen die Erde heutzutage meist nicht mehr in sieben Kontinente, sondern in sechs: Europa und Asien werden unter dem Namen „Eurasien" zusammengefasst. Die übrigen Kontinente sind Südamerika, Nordamerika, Afrika, Ozeanien und die Antarktis.

Mount Everest

Der Gipfel des Mount Everest ragt 8848 Meter hoch über dem Meeresspiegel auf. Das ist der höchste Punkt der Erde. Der Berg liegt im Himalaja, zwischen Tibet (China) und Nepal. Seine Pyramidenform hat er der Erosion zu verdanken – Wind und Wetter, die Erd- und Gesteinsschichten abtragen. Seine drei Flanken sind von Gletschern bedeckt. Im Winter liegt die Temperatur am Gipfel bei bis zu -60 Grad Celsius, im Sommer bei -19 Grad Celsius. Es herrscht Dauerfrost.

Der höchste Berg der Erde

NUR FÜR GIPFELSTÜRMER!

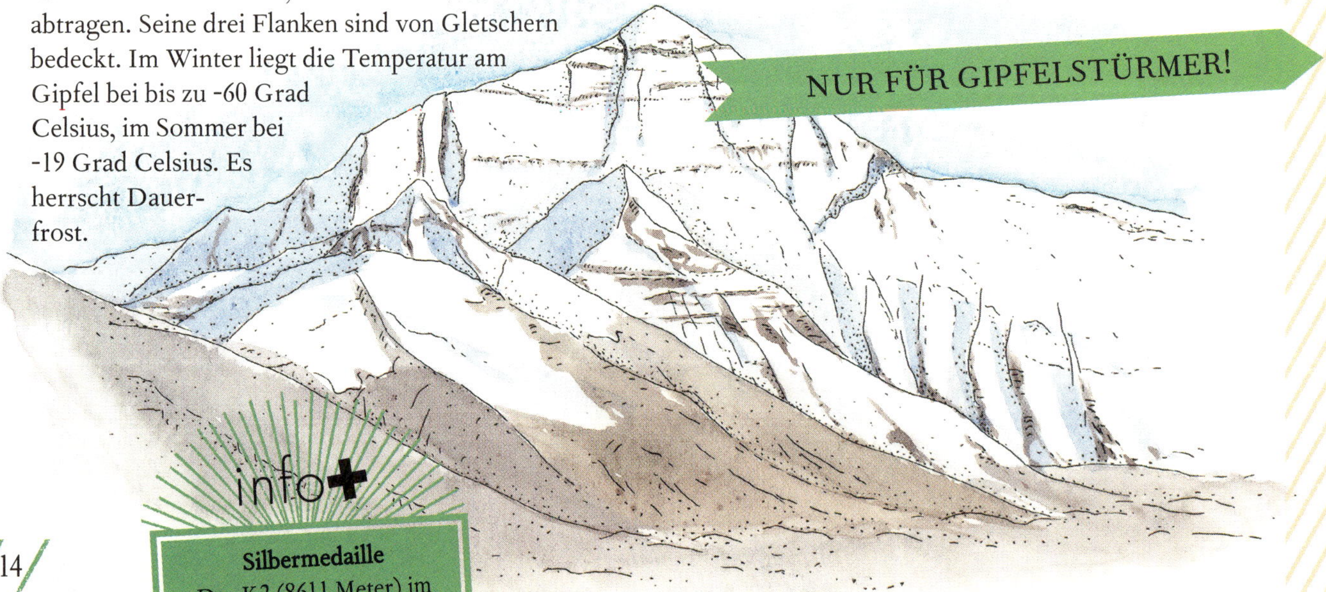

info+

Silbermedaille
Der K2 (8611 Meter) im Karakorum-Massiv (China) ist der zweithöchste Berg der Erde.

Pazifischer Ozean

Der Pazifische Ozean nimmt eine Fläche ein, die etwa viermal so groß ist wie die Fläche Asiens (rund 180 000 000 Quadratkilometer). Er wird vom Pazifischen Feuerring gesäumt, einem Gürtel aus 452 Vulkanen, die an den Küsten Ozeaniens, Asiens und Amerikas Erdbeben verursachen und Tsunamis hervorrufen. Die Europäer nannten den Pazifik im 16. Jahrhundert „Südsee". Geografisch betrachtet gibt es nur einen einzigen Ozean, aber er wurde schon in früher Zeit in die „Sieben Weltmeere" (heute sind es meist fünf Ozeane) unterteilt.

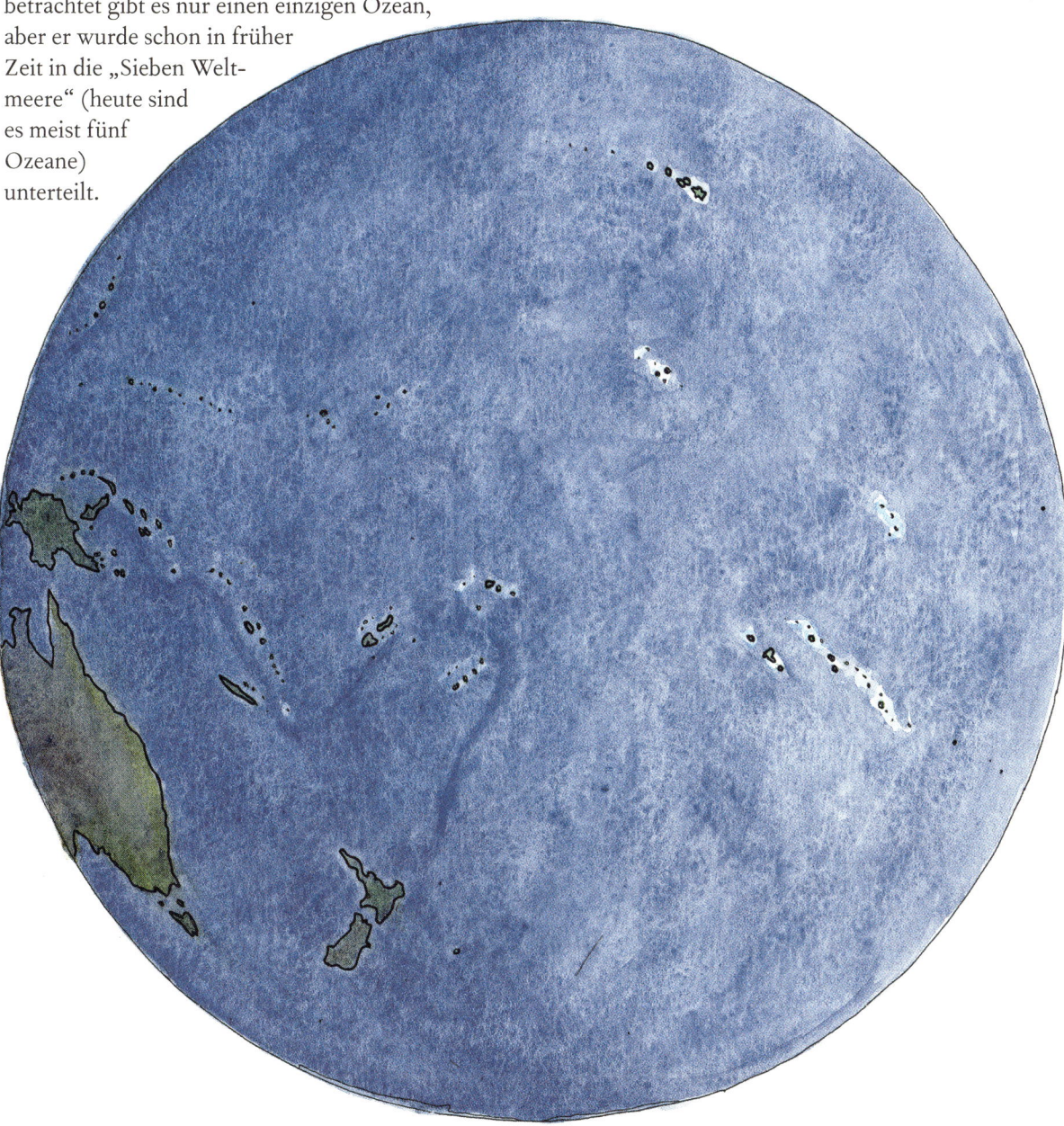

Der **größte Ozean** der Erde

Das **lauteste Tier** im Ozean

ENORM LAUT!

Finnwal

Balaenoptera physalus

Klasse: SÄUGETIERE

Das Finnwalmännchen gibt brummende, heulende und stöhnende Töne von sich, die noch Hunderte Kilometer weiter zu hören sind. Sie sind lauter als ein Drucklufthammer! Der Gesang, über den das Männchen mit dem Weibchen kommuniziert, dauert zwischen 7 und 15 Minuten und setzt sich aus verschiedenen Tonfolgen zusammen, die jede für sich 7 bis 26 Sekunden dauern.
Schiffsgeräusche stören die Kommunikation der Finnwale und haben somit negative Folgen für ihre Fort-pflanzung.

Gleichstand

Der Finnwal und der Blauwal sind
gleich laut: Die tiefen Brummtöne
dieses Bartenwals sind ebenfalls
noch in Hunderten von Kilometern
zu hören.
(Siehe auch S. 12-13)

PSSST!!!

Brüllaffe

Alouatta

Klasse: SÄUGETIERE

Diese kleinen Affen leben in Gruppen von vier bis sieben Tieren auf den Bäumen des tropischen Regenwaldes Mittel- und Südamerikas. Wie ihr Name schon sagt, geben Brüllaffen, deren Kehlkopf speziell darauf angepasst ist, extrem laute Schreie von sich. Damit warnen sie ihre Artgenossen vor Gefahren und markieren in der Abend- oder Morgendämmerung ihr Revier gegenüber anderen Gruppen. Sie treten nicht direkt gegeneinander an, sondern schreien sich mit ihrem Gebrüll, das kilometerweit zu hören ist, regelrecht nieder.

Afrikanischer Elefant

Loxodonta africana

Klasse: SÄUGETIERE

Das Trompeten eines Afrikanischen Elefanten
können Menschen bis in 2 Kilometer Entfernung hören. Neben Tönen wie Trompeten-
stößen oder Schnarchen erzeugt er Infraschall-
laute, die so tief sind, dass Menschen sie nicht
hören können. Mit ihrer Hilfe kann er mit seinen
Artgenossen über eine Entfernung von rund
10 Kilometern kommunizieren.
(Siehe auch S. 23 und S. 45)

RUHE BITTE!

Zum Trompeten reckt der
Elefant seinen Rüssel in die
Höhe. Der Rüssel besteht
aus 40 000 Muskeln und ist
eigentlich die Verlängerung
der Oberlippe.

info+

Eine Mücke schlägt pro Sekunde zwischen 400- und 2000-mal mit den Flügeln. Das erzeugt ihr Summen!

info+

Das **lauteste Insekt** der Welt

KLEIN, ABER OHO!

*Cyclochila australasiae**

Klasse: INSEKTEN

Der Ton, den das Männchen dieser australischen Zikadenart von sich gibt, ist genauso laut wie die Explosion einer Granate. Er ist für den Menschen bis in 400 Meter Entfernung hörbar. Wie alle Zikaden erzeugt dieses Insekt seine Töne mit dem am Beginn des Hinterleibs platzierten Tymbal- oder Trommelorgan.

* Manche Tiere wie diese Zikadenart haben noch keinen deutschen Namen.

info+

Das im Verhältnis zu seiner Körpergröße (2 Millimeter) geräuschvollste Tier ist die Ruderwanze (*Micronecta scholtzi*). Der Ton, den sie erzeugt und den man bis in 1 Meter Entfernung hören kann, entsteht durch die Reibung ihres Penis gegen ihren Bauch!

Der **lauteste** **Vogel** der Welt

Kakapo

Strigops habroptilus

Klasse: VÖGEL

Dieser nachtaktive Papagei mit gelblich-grünem Gefieder lebt in Neuseeland (Ozeanien). Er kann nicht fliegen, da seine Flügel im Verhältnis zum Körper zu klein sind. Um Weibchen anzulocken, stößt das Männchen laute Rufe aus. Dafür bläst es seinen Kehlsack auf und stößt erst rund 20-mal „Bumm" und dann ein klangvolles „Tsching" aus. Bei Wind sind die Rufe für Menschen bis in 5 Kilometer Entfernung hörbar. Drei bis vier Monate lang lässt der Kakapo seine Balzrufe bis zu acht Stunden pro Nacht erschallen!

info✚

Es gibt weltweit nur noch etwa 125 Kakapos (oder „Eulenpapageien").

Die für den Menschen gefährlichsten Tiere der Welt

*Diese zehn Tiere verursachen
weltweit jährlich
die meisten Todesfälle.*

9

Rund 170 Menschen
sterben jährlich am Gift
von **Quallen**.

3

Skorpione sind jährlich für **5000** Todesfälle verantwortlich, insbesondere in
Afrika (die gefährlichsten Arten gibt es in
der Sahara). Ihr Schwanz endet in einem
Stachel, der mit Giftdrüsen verbunden ist.
Nur etwa 20 der rund 1500 Skorpionarten
sind für den Menschen gefährlich.

10

Haie, insbesondere der angriffslustige
Tigerhai, töten jedes Jahr **30 bis
100 Menschen**.

6

Jedes Jahr sterben **etwa
400 Menschen** durch
Bienen. Bei einem Stich
bleiben ihr Stachel und
ihre Giftdrüse in der
Haut stecken und das
Gift dringt weiter ein.
Für Menschen mit
Bienengiftallergie ist
schon eine kleine
Menge lebensgefähr-
lich.

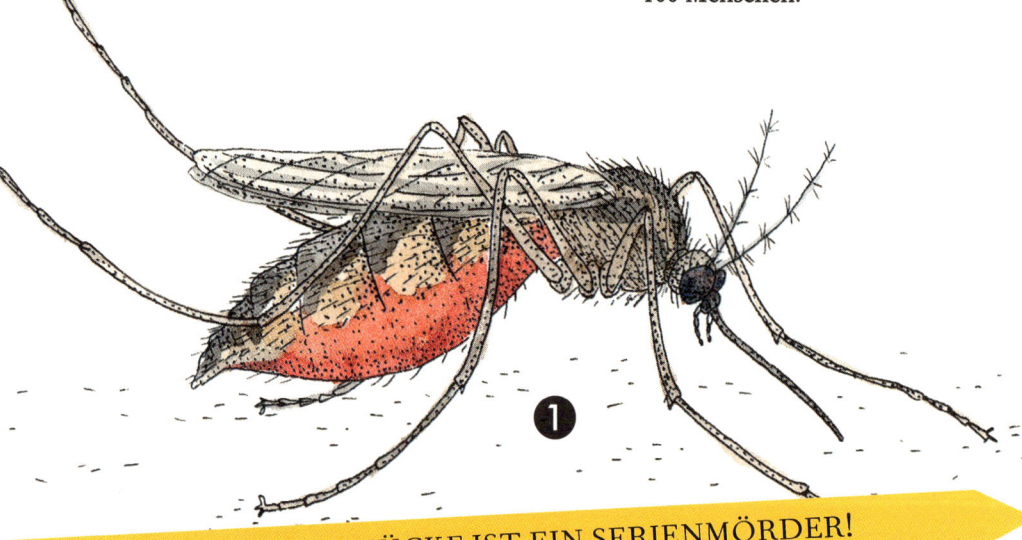

1

DIE ANOPHELESMÜCKE IST EIN SERIENMÖRDER!

Nach Angaben der Weltgesundheitsorganisation WHO sind **Anopheles-
mücken** jährlich für fast **600 000 Todesfälle** verantwortlich. Das Weibchen kann einen Menschen auf 20 Meter Entfernung riechen. Es sticht
vor allem nachts und kann Parasiten übertragen, die die Tropenkrankheit
Malaria hervorrufen. Die Parasiten infizieren das Blut und verursachen
Fieber und lebensbedrohliche Durchfälle. Malaria ist in ganz Afrika
sowie in den ländlichen Gebieten Asiens und Südamerikas verbreitet.

info✚

DNA-Tests an der Mumie
des Pharao Tutanchamun
weisen darauf hin, dass er
zum Zeitpunkt seines Todes
vor über 3000 Jahren an
einer Malariainfektion litt.

❹

Krokodile sind jedes Jahr für den Tod von **rund 2000 Menschen** verantwortlich.

❽

Flusspferde gehören zu den gefährlichsten Tieren Afrikas. Jährlich kommen **etwa 200 Menschen** durch sie zu Tode. Sie sind zwar Pflanzenfresser, greifen Menschen jedoch bisweilen an, um ihr Revier zu verteidigen.

❺

Afrikanische und Asiatische Elefanten töten jedes Jahr an die **600 Menschen**. Sie spielen einfach in einer anderen Gewichtsklasse! *(Siehe auch S. 19 und S. 45)*

❷

Schlangen sind für **rund 100 000 Tote** im Jahr verantwortlich. Es gibt 3000 Schlangenarten, aber nur 10 Prozent sind für den Menschen gefährlich. Die giftigste Schlange ist der Inlandtaipan *(Oxyuranus microlepidotus)*.

❼

Durch **Raubkatzen** wie Löwen, Leoparden und Geparden kommen jedes Jahr etwa **250 Menschen** zu Tode.

Das **fruchtbarste Säugetier** der Welt

MILCH FÜR ALLE!

Großer Tenrek
oder **Tanrek**

Tenrec ecaudatus

Klasse: SÄUGETIERE

Die Weibchen werfen zweimal im Jahr und bringen dabei jeweils bis zu 32 Junge zur Welt. Sie haben 24 Zitzen – so viele wie kein anderes Tier! Ursprünglich stammt dieser Säuger aus Madagaskar (daher wird er gelegentlich „Madagaskar-Igel" genannt), er ist aber auch auf den Inseln im Indischen Ozean zu finden. Er wiegt 1 bis 2 Kilogramm.

info✚

Der Polarfuchs ist der fruchtbarste Vertreter der Familie der Hunde. Das Weibchen bringt im Schnitt elf Junge zur Welt (zum Vergleich: beim Rotfuchs sind es sechs), die sich von Lemmingen und Eiern der großen Schneegänse ernähren.

Der fruchtbarste Vogel aufs Jahr gesehen ist die Stadttaube: Sie kann jährlich bis zu sechs Gelege mit zwei, selten drei Eiern ausbrüten.

info +

Der **fruchtbarste Vogel** der Welt

REICHER KINDERSEGEN

Virginiawachtel

Colinus virginianus

Klasse: VÖGEL

Die aus den USA stammende Virginiawachtel gehört zur Ordnung der Hühnervögel, die für ihren Kindersegen bekannt ist. Das Weibchen legt für die Dauer von 18 bis 20 Tagen fast täglich ein Ei. Sein Gelege enthält daher im Schnitt 15 Eier. Die Brutzeit beträgt 23 Tage. Für sein Bodennest polstert das Wachtelweibchen eine flache Mulde mit Pflanzen und einer Grasschicht aus. Nach dem Schlüpfen bewachen das Weibchen oder beide Eltern zugleich die Küken, die bereits laufen und nach zwei Wochen allein fliegen können.

info +

Küstenvögel legen in der Regel vier Eier, Singvögel vier bis sechs. Der Kaiserpinguin legt nur ein Ei, das ausschließlich vom Männchen ausgebrütet wird.

Der größte Süßwassersee der Welt

HAST DU DURST?

Oberer See

Der Obere See, der auch Lake Superior heißt, liegt nördlich der Kette der Großen Seen zwischen Kanada und den Vereinigten Staaten. Er liegt höher als die übrigen Großen Seen, daher sein Name. Sein Wasser entstammt der Gletscherschmelze, die vor 10 000 Jahren stattfand, und er wird von 200 Zuflüssen gespeist. Er ist 563 Kilometer lang und 257 Kilometer breit. Mit einer Fläche von über 82 350 Quadratkilometern ist er fast so groß wie Österreich. Im Schnitt ist er 150 Meter tief, an manchen Stellen sogar 406 Meter. Seine 12 232 Kubikkilometer Süßwasser entsprechen 10 Prozent der weltweiten Reserven.

info+

Von der Fläche her ist der Baikalsee in Sibirien dreimal kleiner als der Obere See (er ist nicht breiter als 80 Kilometer), doch er enthält mit 23 600 Kubikkilometern doppelt so viel Wasser. Der Baikalsee ist der tiefste See der Welt. Er bildet mit 20 Prozent der Süßwasserreserven das größte Süßwasserreservoir der Welt.

Salto Ángel

Dieser Wasserfall in Venezuela hat eine Fallhöhe von 979 Metern. Damit ist er der höchste Wasserfall der Erde. Seine Quelle liegt auf dem Gipfel des Auyan-Tepui, einem der bekanntesten Tafelberge (Hochplateaus mit steil abfallenden Hängen). Der amerikanische Pilot Jimmie Angel hat ihn 1937 bekannt gemacht und ihm seinen heutigen Namen gegeben. Bei den Pemón-Indianern hieß er lange vor ihm *Churún Merú*.

Der **höchste**
Wasserfall
der Erde
WASSER MARSCH!

Das **gefräßigste** **Insekt** der Welt

UNERSÄTTLICH!

Die Raupe des nordamerikanischen Nachtpfauenauges

Antheraea polyphemus

Klasse: INSEKTEN

Die Raupe dieses großen Nachtfalters ist immer hungrig! Im Laufe ihres Larvenlebens steigert sie das Gewicht, das sie beim Schlüpfen hatte, um das 86 000-Fache! Sie lebt auf Eichen und Birken in Nordamerika.

Das **gefräßigste Säugetier** der Welt

GUTEN APPETIT!

Spitzmäuse

Dieser Begriff bezieht sich auf mehrere Arten.

Klasse: SÄUGETIERE

Da sie jeden Tag bis zum Doppelten ihres eigenen Gewichtes fressen, sind Spitzmäuse die im Verhältnis zu ihrer Größe gefräßigsten Säugetiere. Um ihr Überleben sicherzustellen, müssen sie Tag und Nacht fressen, und zwar in erster Linie Insekten, außerdem Spinnen, Würmer, gelegentlich Eidechsen oder Mäuse und ab und zu auch einen Artgenossen. Auf der Suche nach Nahrung wühlen sie mit der Schnauze im Boden. Sie sind caecotroph, das heißt, sie lecken eine gewisse Menge der teilweise zu einem milchigen Brei verdauten Nahrung von ihrem After und versorgen sich so mit den Vitaminen B und K. Feste Exkremente fressen sie nicht.

info+

Mit 15 bis 23 Schlägen pro Sekunde haben Spitzmäuse von allen Säugetieren den schnellsten Herzschlag. Im Vergleich dazu schlägt ein menschliches Herz etwas mehr als einmal pro Sekunde.

Kolibris, die **Weltmeister** unter den **Vögeln**

Der Gesang der Kolibris ist für das menschliche Ohr nicht wahrnehmbar, da die Frequenz ihrer Töne zu hoch ist.

info+

KOLIBRIS HALTEN FÜNF REKORDE

• Kolibris sind die **kleinsten Vögel**. Es gibt 300 Arten dieser „Summvögel", die allesamt in Amerika leben. Sie sind zwischen 6 und 20 Zentimeter groß. Zum Schutz vor Feinden hat ihr Gefieder die gleiche Farbe wie die Blumen, deren Nektar sie sammeln. Sie werden auch „fliegende Edelsteine" genannt.

• Von allen Vögeln schlagen sie **am schnellsten** mit den **Flügeln**. Die Sonnenstrahlelfe bringt es auf 90, im Balzflug sogar auf bis zu 200 Flügelschläge in der Sekunde!

• Mit 20 Schlägen pro Sekunde haben sie den **schnellsten Herzschlag** von allen Vögeln!

• Sie sind die **einzigen Vögel**, die **vorwärts und rückwärts fliegen** können.

• Sie sind die **Vögel**, die **am meisten fressen**. Um mit ihrer Zunge nach Blütennektar und Gliederfüßern zu angeln, fliegen sie auf der Stelle. Die Energiemenge, die sie dabei täglich zu sich nehmen, entspricht dem, was ein Mensch aufnehmen würde, der am Tag das Dreifache seines Körpergewichtes an Kartoffeln verspeist.

Das **schnellste** **Tier** der Welt

Annakolibri

Calypte anna

Klasse: VÖGEL

Dieser nur 10 Zentimeter kleine Kolibri ist im Verhältnis zu seiner Körpergröße das schnellste Tier der Welt, im Vergleich ist er sogar schneller als ein Raumschiff. Bei seinem Sturzflug während der Balz kann er bis zu 90 Stundenkilometer erreichen.

Bienenelfe
oder Elfenkolibri

Mellisuga helenae

Klasse: VÖGEL

Diesen Kolibri gibt es nur auf Kuba. Das Männchen ist mit Schnabel und Schwanz 5 bis 7 Zentimeter groß. Es wiegt 1,6 Gramm. Das schmale, tiefe Nest hat die Größe eines Fingerhuts. Die Eier dieses Kolibris sind die kleinsten Vogeleier überhaupt: Mit 9 Millimetern sind sie so groß wie eine Erbse und wiegen 0,3 Gramm.

Die allerkleinsten Kolibris

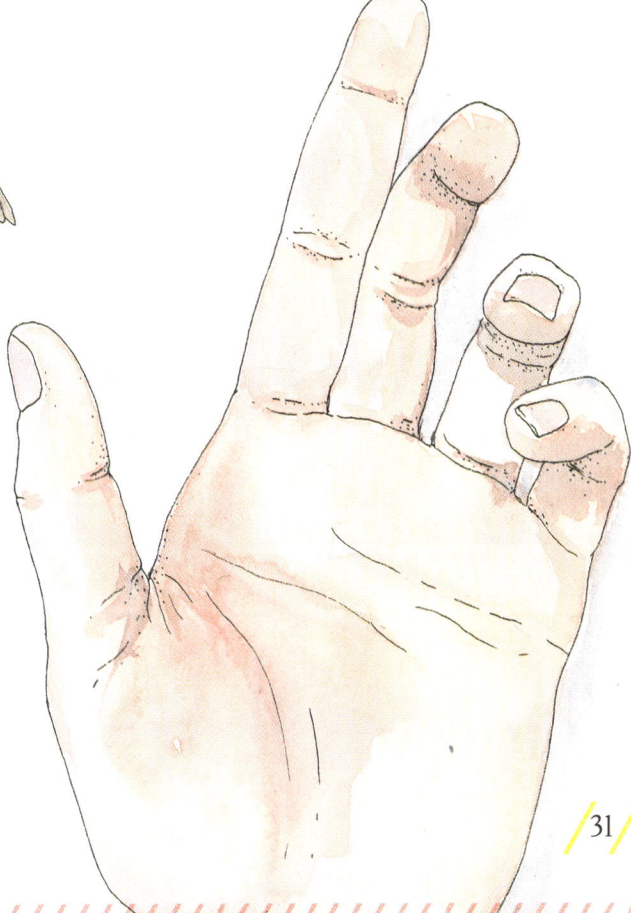

Zwergkolibri
oder Zwergelfe

Mellisuga minima

Klasse: VÖGEL

Der Zwergkolibri lebt auf Jamaika. Er ist 6 Zentimeter groß und wiegt nur 2,1 Gramm. Sein Nest ist so groß wie eine halbe Walnussschale, sein winziges Ei kleiner als 1 Zentimeter.

Das **stärkste** **Tier** der Welt

Onthophagus taurus

Klasse: INSEKTEN

Das Männchen dieser Mistkäferart kann einen Gegenstand schieben, der das 1141-Fache seines Körpergewichtes beträgt. Das ist so, als ob ein Mensch sechs Autobusse schieben würde! Seine Kraft benötigt es vor allem zur Fortpflanzung: Das Männchen muss sich in den Tunneln eines Misthaufens dem Kampf mit einem anderen Männchen stellen. Der Sieger darf sich mit dem Weibchen paaren. Die Nachkommen erben daher die Gene eines äußerst starken Vaters. Damit er seine Kraft nicht einbüßt, ist die Ernährung für diesen Käfer so wichtig wie für einen Leistungssportler.

info+

Der amerikanische Riesenkäfer *Xyloryctes thestalus* kann das 100-Fache seines eigenen Gewichtes tragen. Zum Vergleich: Die Ameise trägt das 50-Fache ihres Körpergewichtes.

Delfine

Dieser Begriff bezieht sich auf mehrere Arten.

Klasse: SÄUGETIERE

Delfine haben ein Ich-Bewusstsein wie wir Menschen. Sie kooperieren mit Artgenossen, haben eine eigene Sprache aus verschiedenen Tönen und Ultraschalltönen und besitzen einen ausgeprägten Orientierungssinn und Verständnis für den Raum, der sie umgibt. Das alles sind Zeichen einer großen Intelligenz!

Die intelligentesten Tiere der Welt

WAHRE SCHLAUKÖPFE!

Gorilla, Schimpanse und Orang-Utan

Klasse: SÄUGETIERE

Diese Menschenaffen sind sehr anpassungsfähig. Sie sind sogar in der Lage, eine menschliche Gebärdensprache zu erlernen!

Der längste Fluss der Erde

Amazonas

Einen Fluss zu vermessen ist schwierig! Zuerst muss man festlegen, welches seine Quelle ist. Ein langer Wasserlauf hat allerdings mehrere Zuflüsse und der, der dem Fluss seinen Namen gibt, muss nicht zwangsläufig der sein, dessen Quelle am weitesten entfernt ist. Auch die Mündung zu bestimmen ist nicht leicht. Es kann sich dabei um ein Ästuar handeln, eine Trichtermündung, die stark von Ebbe und Flut beeinflusst ist. Anhand von Satellitenaufnahmen wurde 2008 festgestellt, dass der Amazonas in Südamerika 6992,06 Kilometer lang ist. Seine Quelle liegt in den Anden im Süden Perus.

info+

Silbermedaille

Sie gebührt dem Nil in Afrika, der 6852 Kilometer lang ist. Einer seiner Quellflüsse ist der Kagera an der Grenze zwischen Burundi und Ruanda. Bis 2008 galt der Nil als der längste Fluss der Welt.

Die **größte** **Insel** der Erde

Grönland

Grönland ist 2,2 Millionen Quadratkilometer groß und liegt nordöstlich von Kanada, zwischen dem Nordatlantik und dem Arktischen Ozean. Es ist die größte Insel Nordamerikas, gehört aber als selbstständige Provinz zu Dänemark.

Australien ist von der Fläche her dreimal größer, gilt jedoch nicht als Insel, sondern als Kontinent. Es macht 90 Prozent von Ozeanien aus, zu dem außerdem Neuseeland und Papua-Neuguinea gehören.

„Insel" nennt man alle Landflächen (die Kontinente ausgenommen), die vollständig von Wasser umschlossen sind.

info**+**

- Die größte Insel Asiens ist Neuguinea.
- Die größte Insel Afrikas ist Madagaskar.
- Die größte Insel Europas ist Großbritannien.

Als ältester Baum der Welt galt lange Zeit die knapp 4800 Jahre alte **Langlebige Kiefer** (*Pinus longaeva*) mit dem Namen „Methuselah". 2012 fand man heraus, dass ein anderer Baum mehr als **5000 Jahre** alt ist. Dessen Standort in Kalifornien (USA) wird geheim gehalten.

Die zähesten Lebewesen der Natur

UNVERWÜSTLICH!

Naturgemäß ist jeder lebende Organismus sterblich ... Aber manch einer hält länger aus als andere!

Die in tropischen Gewässern heimischen **Schwarzen Korallen** (*Antipatharia*) können mehr als **4200 Jahre** alt werden.

Der **Vasenschwamm** *Xestospongia muta* ist ein riesiger, in der Karibik heimischer Schwamm, der bis zu **2500 Jahre** alt werden kann.

info+

Das Tier mit der kürzesten Lebenserwartung ist die Eintagsfliege der Art *Ephoron virgo*. Wie ihr Name schon sagt, lebt sie nur sehr kurz: als Imago (erwachsenes geflügeltes Insekt) ein bis drei Tage.

Der **Grönlandwal** *(Balaena mysticetus)*, ein Meeressäuger mit weißem Kinn, lebt bis zu **200 Jahre**.

Die Lebenserwartung des **Menschen** *(Homo sapiens)* liegt bei bis zu **122 Jahren**. Er ist damit der langlebigste Landsäuger!

Die **Galapagos-Riesenschildkröte** *(Chelonoidis nigra)* lebt auf den neun Inseln des Galapagos-Archipels. Diese Landschildkröte kann bis zu **200 Jahre** alt werden. Nach 40 Jahren ist sie ausgewachsen.

Die **Islandmuschel** *(Arctica islandica)*, ein im Nordatlantik heimisches Weichtier mit zwei Klappen, kann über **400 Jahre** leben. Anhand der Linien auf ihrer Schale lässt sich ihr Alter errechnen.

info✚

Menschen sind die meistverbreiteten großen Säugetiere. Außerdem haben sie von allen Säugern im Verhältnis zu ihrem Körper das größte Gehirn.

Der **kälteste** **Ort** der Erde

Antarktis

Am 21. Juli 1983 wurden in der Antarktis -89,2 Grad Celsius registriert, die niedrigste jemals auf der Erde gemessene Temperatur. Hier herrschen auch die mit 300 Stundenkilometern schnellsten Winde der Welt. Das Eis ist bis zu 4500 Meter dick. Würde es schmelzen, stiege der Meeresspiegel um 55 Meter.

info+

Die Antarktis ist auch das wichtigste Süßwasserreservoir der Erde.

Silbermedaille
Unter den heißesten
Orten der Erde
nimmt Libyen den
2. Platz ein.

Death Valley

Das Death Valley oder Tal des Todes liegt in Arizona (USA). In dieser Wüste fällt in manchen Jahren nicht ein Tropfen Regen! Am 10. Juli 1913 wurde dort der Temperaturweltrekord gemessen: 56,7 Grad Celsius.

Der heißeste Ort der Erde

DAUNENJACKEN? BLOSS NICHT!

Der **Vogel** mit der **größten** Flügelspannweite der Welt

SEGELFLIEGER

Wanderalbatros

Diomedea exulans

Klasse: VÖGEL

Mit 3,50 Meter Flügelspannweite hält dieser Seevogel den Rekord. In der Luft gleitet er sehr elegant, doch beim Landen wirkt er ziemlich ungeschickt. Das Männchen ist etwas größer als das Weibchen. Während der Balz tänzeln sie am Boden auf und ab und fechten und klappern mit ihren Schnäbeln.

Der **schwerste** **Vogel** der Welt

FLIEGEN? KEINE CHANCE!

Afrikanischer Strauß

Struthio camelus

Klasse: VÖGEL

Der Afrikanische Strauß wiegt im Schnitt 90 Kilogramm, kann aber bis zu 150 Kilogramm schwer werden. Er ist der größte und schwerste Vogel der Welt ... aber fliegen kann er nicht! *(Siehe auch S. 61)*

/40/

info+

Mit ihren 14 bis 19 Kilogramm Gewicht ist die in Afrika heimische Riesentrappe oder Koritrappe *(Ardeotis kori)* der schwerste flugfähige Vogel. Meist stolziert sie aber auf ihren kräftigen Füßen durch die Savanne.

info+

Die Federn des Pfauenhahns bilden eine Schleppe, die bis zu 1,50 Meter lang sein kann. Bei der Balz schlägt er damit ein Rad.

Der **Vogel** mit den **längsten Federn** der Welt

WAHRHAFT KÖNIGLICH

Königsfasan

Syrmaticus reevesii

Klasse: VÖGEL

Die Schwanzfedern des Königsfasans können bis zu 2 Meter lang sein. Um sein Revier zu verteidigen, läuft das Männchen flügelschlagend mit aufgeplusterten Federn und gesenktem Schwanz auf seine Konkurrenten zu. Bei der Balz präsentiert es dem Weibchen sein fächerförmig aufgestelltes Schwanzgefieder. Dieser Vogel lebte ursprünglich in China. In Europa wurde er für die Jagd eingeführt.

Der **Vogel** mit dem **längsten Schnabel**

UND WO IST DIE BRILLE?

Brillenpelikan

Pelecanus conspicillatus

Klasse: VÖGEL

Der Schnabel dieses in Ozeanien lebenden Wasservogels kann bis zu 50 Zentimeter lang sein. Wie bei allen Pelikanen dient ihm der Kehlsack unter seinem Schnabel als Kescher. Bei der Jagd nach Fischen füllt sich sein Schnabel mit Wasser. Wenn er den Schnabel gegen die Brust drückt, läuft es wieder heraus, und nur die Nahrung bleibt zurück.

/41/

info+

Der Riesentukan *(Ramphastos toco)* ist der Vogel mit dem dicksten Schnabel. Der Tukan kann damit Früchte pflücken und kleine Tiere fangen.

Der **Vogel** mit der längsten Zugstrecke der Welt

EINFACH UNERMÜDLICH!

Küstenseeschwalbe

Sterna parasisaea

Klasse: VÖGEL

Jedes Jahr verlässt die Küstenseeschwalbe ihren Brutplatz in der Arktis (Grönland und Küstengebiete Eurasiens), fliegt in die Antarktis und kehrt im Frühjahr wieder zurück. In acht Monaten legt sie so eine Strecke von 70 000 Kilometern zurück! Dieser Seevogel ist 35 Zentimeter groß und hat eine Spannweite von 85 Zentimetern.

info+

Die 20 Gramm leichte Rauchschwalbe hat einen 10 000 Kilometer weiten Weg vor sich, wenn sie im Herbst nach Afrika zieht. Statt im Segelflug Energie zu sparen, schlägt sie ständig mit den Flügeln.

Der **Vogel** mit der **längsten Flugdauer** der Welt

Mauersegler

Apus apus

Klasse: VÖGEL

Der Mauersegler mit seinen sichelförmigen Flügeln verbringt den größten Teil seines Lebens in der Luft: Er paart sich sogar im Flug! Wenn er beim Fliegen schläft, ruhen nur bestimmte Teile seines Gehirns, während die übrigen wach bleiben. Er ernährt sich von fliegenden Insekten, die er mit weit geöffnetem Schnabel erbeutet. Ein Mauersegler kann neun Monate in der Luft bleiben, ohne sich einmal niederzusetzen.

Das größte Landsäugetier

GRÖSSENWAHN!

Giraffe

Giraffa camelopardalis

Klasse: SÄUGETIERE

Mit ihrem 2 Meter langen Hals wird die Giraffe bis zu 5,80 Meter hoch. Das Männchen wiegt 1,5 Tonnen, das Weibchen 1 Tonne. Das Giraffenkalb ist bei der Geburt 2 Meter groß und wiegt 50 Kilogramm. Es fällt aus 2 Metern Höhe zu Boden. 15 Minuten später kann es bereits aufstehen und nach der Milch seiner Mutter suchen.

Das kleinste Landsäugetier

KLEINER ALS DEIN DAUMEN!

Schweinsnasen-fledermaus

Craseonycteris thonglongyai

Klasse: SÄUGETIERE

Diese Fledermaus ist 3 Zentimeter groß und wiegt 2 Gramm. Ihre Flügelspannweite beträgt 15 Zentimeter. Man nennt sie auch „Hummelfledermaus". Sie bringt für gewöhnlich ein Junges zur Welt. Hier ist sie in ihrer tatsächlichen Größe abgebildet.

info+

Die größten Affen sind die Gorillas. Aufgerichtet sind sie 1,70 Meter groß. Das Männchen wiegt bis zu 275 Kilogramm.

Das **schwerste** Landsäugetier

EIN SCHWERGEWICHT!

Afrikanischer Elefant

Loxodonta africana

Klasse: SÄUGETIERE

Der Afrikanische Elefant wiegt etwa 6 Tonnen und damit genauso viel wie ein kleiner Bagger! Die Tragzeit der Elefantenkuh dauert 22 Monate. Bei seiner Geburt wiegt ihr Kalb 120 Kilogramm. *(Siehe auch S. 19 und S. 23)*

Das **leichteste** Landsäugetier

EIN FLIEGENGEWICHT!

Etruskerspitzmaus

Suncus etruscus

Klasse: SÄUGETIERE

Diese Spitzmaus – hier in Lebensgröße – wiegt 1,5 bis 2,5 Gramm und ist zwischen 5 und 8 Zentimeter lang.

info+

Der kleinste Affe ist das im Amazonasbecken beheimatete Zwergseidenäffchen. Es wiegt im Schnitt 120 Gramm, sein Junges sogar nur 16 Gramm. Es kann 4 Meter weit springen und sich im Geäst auf ein Blatt setzen, ohne es abzuknicken.

Der größte Fisch

BRAUCHT DER ABER VIEL PLATZ!

Walhai

Rhincodon typus

Klasse: KNORPELFISCHE

Dieser Knorpelfisch mit den charakteristischen Punkten auf dem Rücken ist der größte Fisch: Er ist zwischen 4 und 14 Meter lang (genauso lang wie ein Bus!), manche Tiere erreichen sogar 20 Meter. Auf der Suche nach Plankton, seiner Nahrung, bewegt er sich sehr langsam vorwärts. Für den Menschen ist er ungefährlich.

Der kleinste Fisch

GRÖSSER WIRD DIESER WINZLING NICHT.

Schindleria brevipinguis

Klasse: KNOCHENFISCHE

Diese winzige, schuppenlose Grundel mit den großen Augen lebt in 15 bis 30 Metern Tiefe im Meer. Männchen sind 7 Millimeter lang, Weibchen 8 Millimeter.

Das größte Reptil

ACHTUNG, KROKOS!

Leistenkrokodil

Crocodylus porosus

Klasse: REPTILIEN

Dieses Reptil wiegt bis zu 1 Tonne und ist bis zu 7 Meter lang. Es frisst Säugetiere, Fische und Vögel. Es lebt vor allem in Brackwasserzonen (Flussmündungen), aber auch im Salzwasser an den Küsten Asiens und Ozeaniens. Früher kam es auch in Afrika vor.

Das kleinste Reptil

EINE MINIECHSE

Sphaerodactylus ariasae

Klasse: REPTILIEN

Dieser winzige Gecko ist (ohne Schwanz) 1,6 Zentimeter lang, wiegt weniger als 1 Gramm und hat fast auf einer 1-Cent-Münze Platz. Er wurde 2001 auf der Isla Beata (Dominikanische Republik) entdeckt. Durch die Rodung der Wälder ist sein Fortbestand gefährdet.

Gleichstand

Das Leistenkrokodil und das Nilkrokodil sind etwa gleich groß.

Das **schwerste Insekt**

EIN BRUMMER!

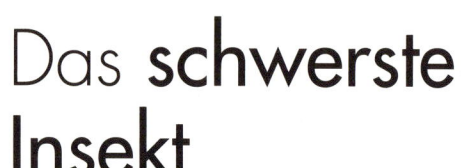

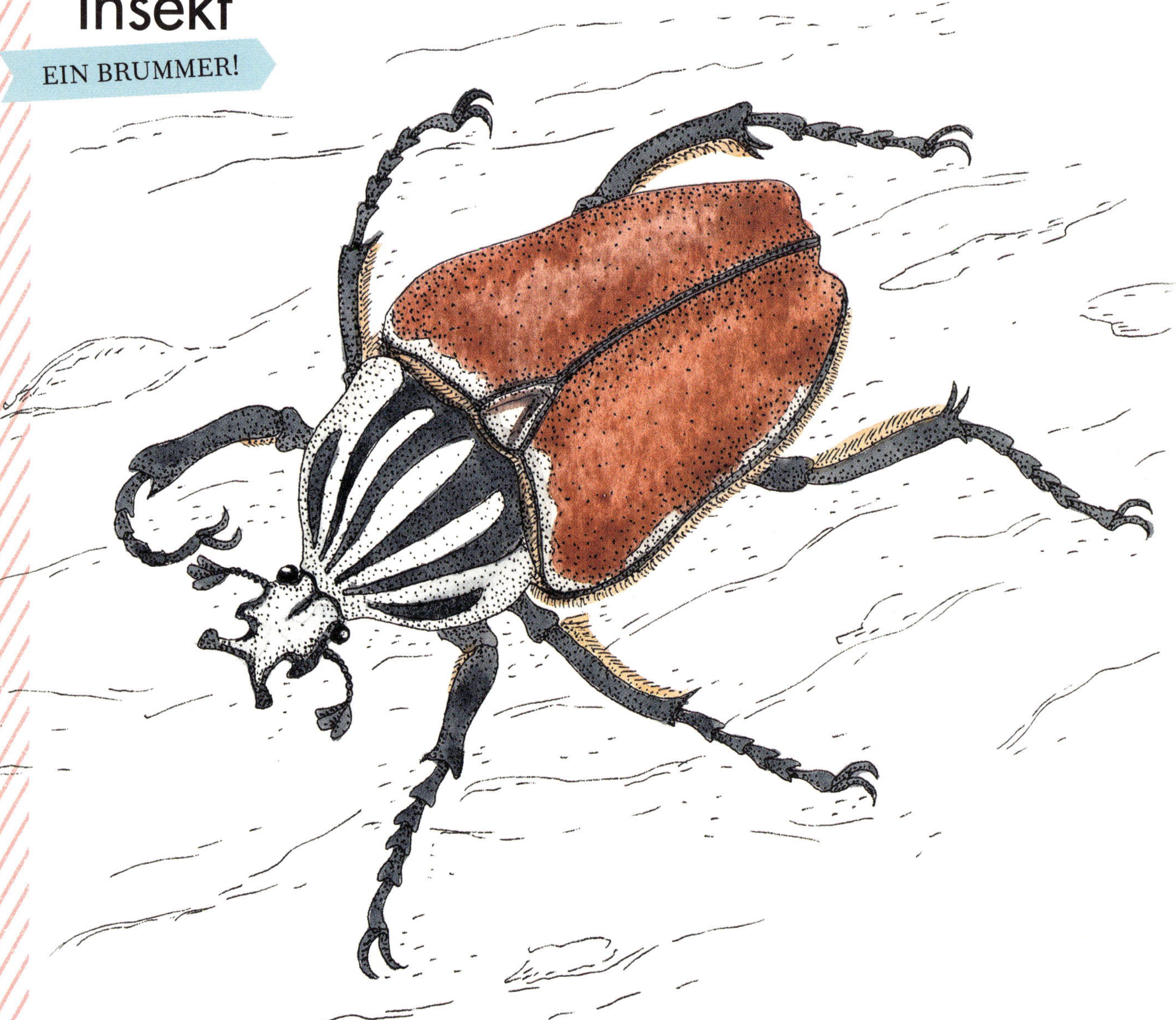

Goliathus goliatus

Klasse: INSEKTEN

Dieser afrikanische Goliathkäfer kann mehr als 10 Zentimeter lang werden (so lang wie eine Kinderhand) und bis zu 100 Gramm wiegen (so viel wie eine Tafel Schokolade). Fliegen kann er trotzdem!

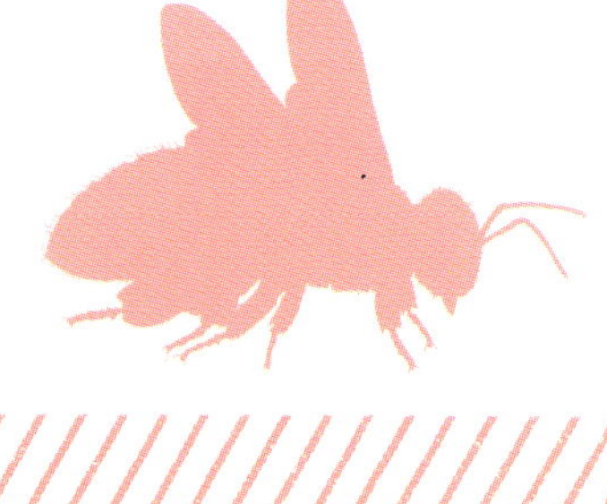

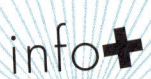

info+

Bienen sind gesellig: Ein Volk besteht aus 60 000 bis 80 000 Tieren! Blitzschnell sind sie außerdem: Mit bis zu 50 Stundenkilometern sind sie so schnell wie ein Auto in der Stadt.

Das **kleinste** Insekt

SIEHST DU SIE?

Tatsächliche Größe

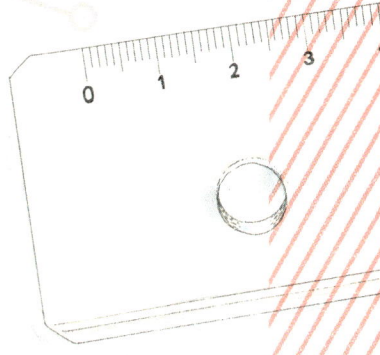

Caraphractus cinctus

Klasse: INSEKTEN

Diese winzige Zwergwespe ist 0,17 Millimeter groß. Wie alle Insekten ihrer Familie hat sie zarte, gefiederte und an den Rändern mit langen Wimpern besetzte Flügel. Als Parasit legt sie ihre Eier in die Eier eines kleinen Wasserkäfers.

Das **größte** Insekt

EIN RIESIGER SECHSFÜSSER

Phobaeticus chani

Klasse: INSEKTEN

Diese Gespenstschrecke tarnt sich als Stab und ist das längste Insekt der Welt: Allein ihr Körper ist 35,7 Zentimeter lang, rechnet man aber ihre ausgestreckten Beine hinzu, kommt man auf eine Länge von 56,7 Zentimetern. Sie wurde 1989 auf der Insel Borneo entdeckt. Wie alle Gespenstschrecken versteckt sie sich im Gezweig und kann stundenlang regungslos verharren.

info+

Bienen und Fliegen schlagen etwa 200-mal pro Sekunde mit den Flügeln.

Auf dem Planeten Mars gibt es einen Schildvulkan, der 20 000 Meter hoch ist.

info+

Mauna Loa

Dieser Schildvulkan ist auf Hawaii im Pazifischen Ozean zu finden. Er ist der höchste Vulkan der Welt: Misst man von seiner Basis aus, beträgt seine Gesamthöhe 17 000 Meter (allein der sichtbare Teil ist 4170 Meter hoch, unter Wasser kommen noch einmal 5000 Meter hinzu sowie ein weiterer Teil, der in den Meeresboden „eingesunken" ist). Sogar vom Meeresgrund aus gesehen ist dieser Vulkan also einer der höchsten Berge der Erde. Seit 1843 ist der Mauna Loa 33-mal ausgebrochen. Er ist noch immer aktiv.

Der **höchste Vulkan** der Erde

EIN WAHRER RIESE!

info+

Ein Vulkan gilt als „aktiv", wenn er in den letzten 10 000 Jahren einmal ausgebrochen ist. Auch wenn der letzte Ausbruch in der Eifel fast 13 000 Jahre zurückliegt, gilt diese Region noch immer als aktiv.

Der **höchste Vulkan Europas**

VORSICHT, HEISS!

Ätna

Der Ätna ist der höchste Vulkan Europas und zugleich der mächtigste Berg Siziliens, einer Insel in Italien: Nicht umsonst nennen ihn die Sizilianer Mongibello, den „schönen Berg". Er ist 3330 Meter hoch, doch seine Größe verändert sich von Ausbruch zu Ausbruch. Der Ätna macht sich durch Explosionen in seinen vier Kratern und durch sehr dünnflüssige Lavaströme, die aus Nebenkratern an seinen steilen Flanken ausgestoßen werden, regelmäßig bemerkbar.

info+

Seit 1900 ist der Ätna 80-mal ausgebrochen. Damit ist er der zweitaktivste Vulkan der Welt, nach dem Kilauea auf Hawaii (USA), dessen jüngster Ausbruch in einem seiner Krater seit 1983 andauert. Auf Platz drei ist der Piton de la Fournaise auf der Insel La Réunion.

Die Grüne Meeres-
schildkröte ist die
schnellste Schildkröte
(35 Stundenkilometer).

info+

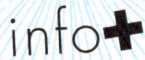

Das **Tier**, das am **längsten tauchen** kann

REKORDHALTER IM LUFTANHALTEN!

Grüne Meeres-schildkröte

Chelonia mydas

Klasse: SCHILDKRÖTEN

Die Lunge der Grünen Meeresschildkröte ist dafür ausgelegt, dass sie drei Stunden unter Wasser bleiben kann, ohne Luft zu holen (bei einem durchschnittlich trainierten Menschen sind es ein bis zwei Minuten). „Grüne Meeresschildkröte“ wird sie wegen der grünlichen Färbung ihres Fetts genannt, die Schuppen ihres Panzers sind braun. Ihr älterer Name „Suppenschildkröte“ geht darauf zurück, dass man aus ihr früher Schildkrötensuppe kochte.

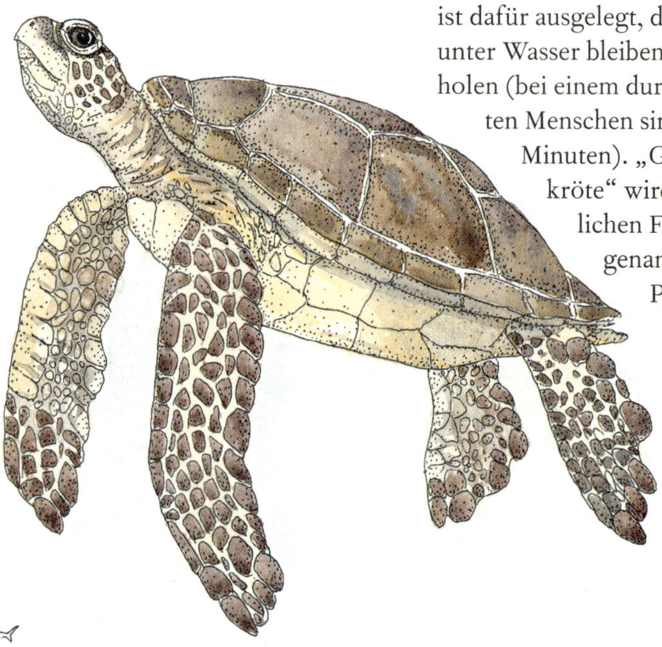

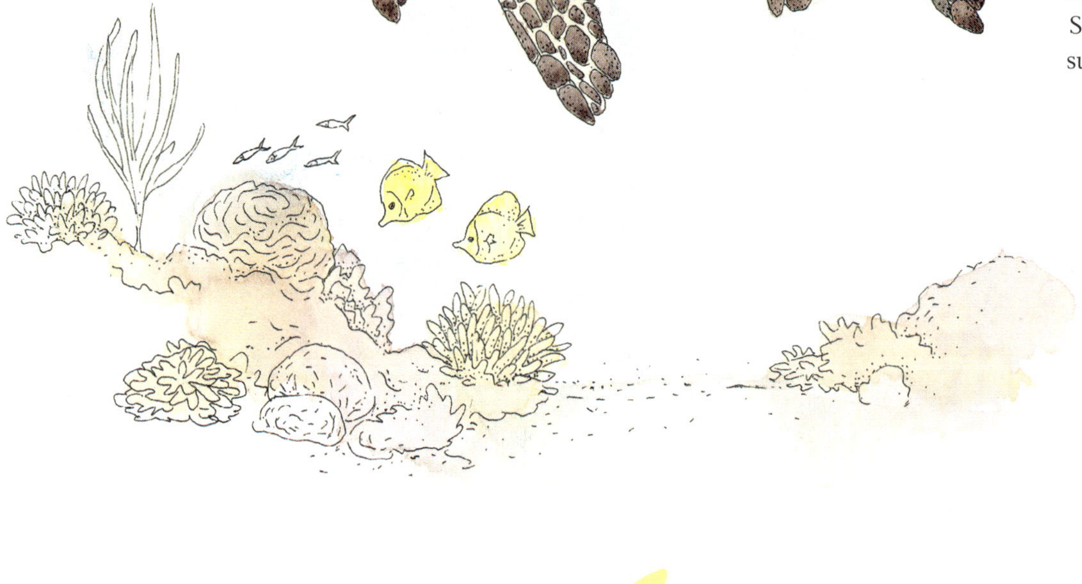

info+

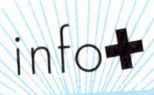

Die größte Schildkröte
ist die Lederschildkröte.

Das **Tier**, das am **tiefsten** tauchen kann

TIEFER TAUCHT KEINER!

Pottwal

Physeter macrocephalus

Klasse: SÄUGETIERE

Dieser Wal mit seinen riesigen Zähnen (bis zu 20 Zentimeter lang) jagt im Allgemeinen in 1000 Metern Tiefe. Aber er kann bis in eine Tiefe von 2500 Metern oder 3000 Metern unter dem Meeresspiegel abtauchen und dort 90 Minuten verweilen, ohne Luft holen zu müssen.

info+

Silbermedaille
Der Schnabelwal kann bis in eine Tiefe von 1500 Metern abtauchen.

Bronzemedaille
Die See-Elefanten, die größten Robben überhaupt, können bis zu 1000 Meter tief tauchen.

Die **größte** **Blume** der Welt

EIN GIPFELSTÜRMER!

Titanwurz

Amorphophallus titanum

Der Blütenstand der Titanwurz kann eine Höhe von 3 Metern erreichen. Diese Blume gibt es nur auf Sumatra in Indonesien.
Ihr Verwesungsgeruch lockt Käfer an, die sie bestäuben. Die Titanwurz blüht nur unregelmäßig alle paar Jahre, und dann jeweils nur für etwa 72 Stunden.

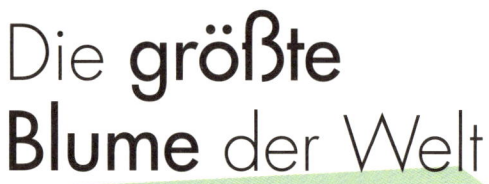

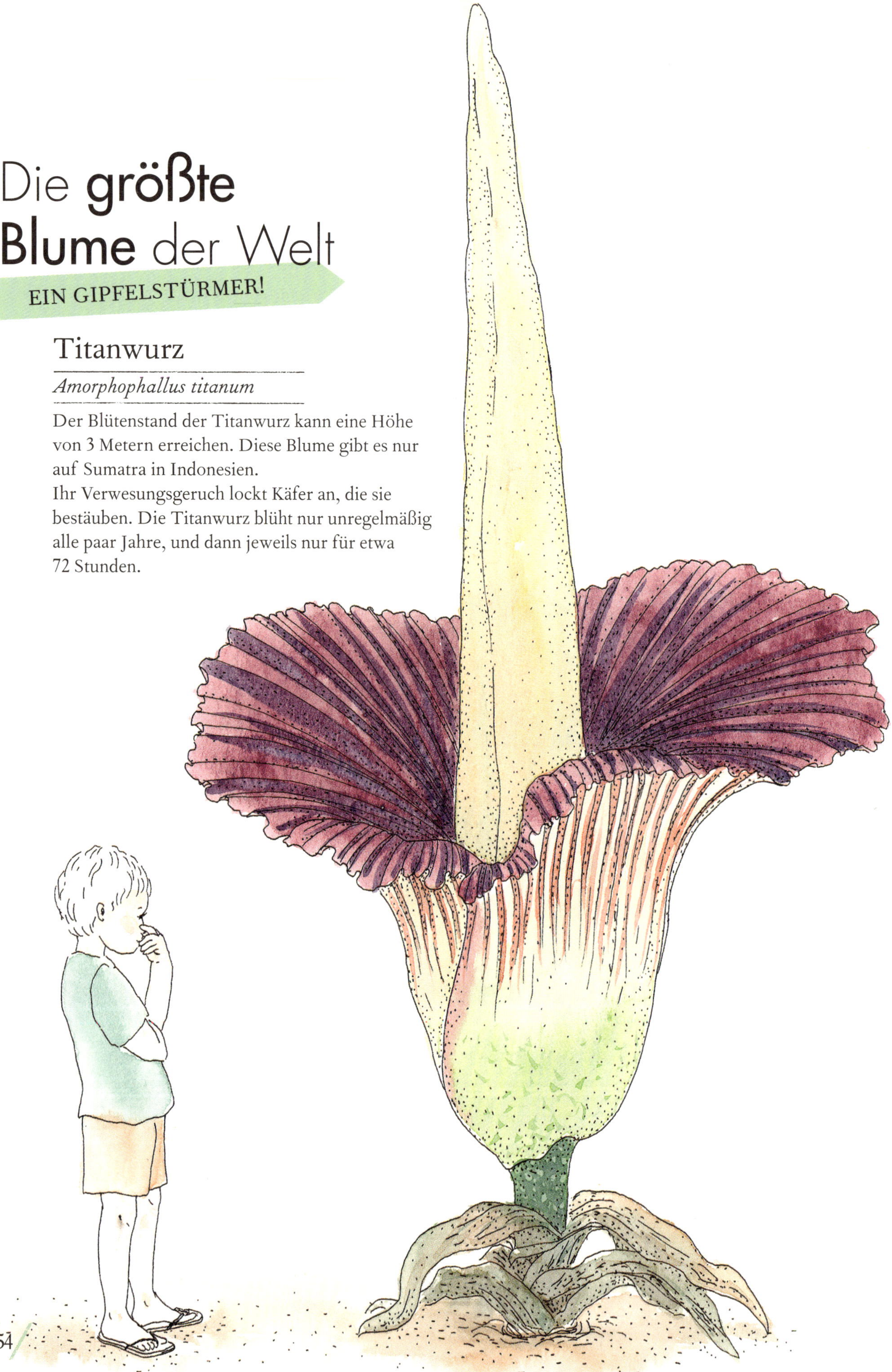

Die **dickste Blume** der Welt

FÜR EINEN STRAUSS UNGEEIGNET!

Riesenrafflesie

Rafflesia arnoldii

Diese Pflanze aus Indonesien lebt als Schmarotzer an Lianen. Ihre Blüte kann 1 Meter Umfang erreichen und bis zu 10 Kilogramm wiegen. Sie hat weder Wurzeln, Stängel noch Blätter, dafür aber fünf Blütenblätter. Sie wird von Fliegen bestäubt, die sie mit ihrem Geruch nach verwesendem Aas anlockt.

info+

Die kleinste Blume der Welt ist die Wurzellose Zwergwasserlinse *(Wolffia arrhiza)*. Diese winzige Wasserpflanze findet man auf allen Kontinenten, mit Ausnahme der Antarktis.

55

Der **schnellste** Meeressäuger

NICHT BUMMELN!

Schwertwal oder Orca

Orcinus orca

Klasse: SÄUGETIERE

Der Schwertwal, der größte Vertreter der Delfine, kann 65 Stundenkilometer schnell werden, seine mittlere Geschwindigkeit beträgt 15 Stundenkilometer. Wenn er springt, schlägt er spektakulär mit seiner Schwanzflosse. Bei der Jagd auf Robbenbabys dringt er bisweilen auf einer Welle bis an den Strand vor.

Der **schnellste** Landsäuger

IHN ÜBERHOLT KEINER!

Gepard

Acinonyx jubatus

Klasse: SÄUGETIERE

In der afrikanischen Savanne kann der Gepard bis zu 120 Stundenkilometer schnell werden, allerdings nur über eine Strecke von 100 Metern. Seine mittlere Geschwindigkeit liegt bei 94 Stundenkilometern. Diese Schnelligkeit verdankt er seinen langen Beinen, seinen kräftigen Muskeln, seinen leichten Knochen und seiner elastischen Wirbelsäule. Zu seinen Beutetieren gehört die bis zu 90 Stundenkilometer schnelle Thomson-Gazelle.

info+

Die zu den Antilopen zählenden Springböcke machen 15 Meter weite Sprünge und werden 80 Stundenkilometer schnell, bei Sprints bis zu 115 Stundenkilometer. Genauso weit wie sie springt der Schneeleopard.

Der **schnellste Fisch**

Fächerfisch
oder Segelfisch

Istiophorus platypterus

Klasse: KNOCHENFISCHE

Unverwechselbare Kennzeichen
des Fächerfischs sind seine
nachtblaue Farbe, sein langes
schwertförmiges Maul (das
Rostrum) und seine spektakuläre
Rückenflosse. Er liegt mit dem
Blauen Marlin (*Makaira nigri-
cans*) im Wettstreit um den Titel
als schnellster Fisch der Welt:
Beide erreichen bis zu
110 Stundenkilometer.

info➕

Auch der Blaue Marlin hat
ein „Schwert". Er lebt als
Einzelgänger und zieht
täglich 40 bis 70 Kilometer
weit durch das Meer.

Das **schnellste** Insekt

Hybomitra hinei

Klasse: INSEKTEN

Unter den 4000 verzeichneten Bremsenarten ist die 1,5 Zentimeter große *Hybomitra hinei* für ihre Schnelligkeit bekannt: Mit bis zu 145 Stundenkilometern ist sie das schnellste fliegende Insekt. Bei den Bremsen, die man auch „Blinde Fliegen" nennt, sticht nur das Weibchen.

Die **schnellste** Spinne

KEIN ACHTFÜSSER IST FLINKER!

Mauerwinkelspinne

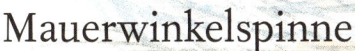

Tegenaria parietina

Klasse: SPINNENTIERE

Die Beine dieser Spinne sind fünfmal so lang wie ihr Körper. Mit ihnen kann sie sich im Rekordtempo von 3,5 Stundenkilometern fortbewegen. Die Spannweite der Beine kann bis zu 14 Zentimeter betragen. Sie ist vor allem in Südeuropa verbreitet. In Deutschland lebt sie überwiegend in Bayern. Man findet sie manchmal in der Badewanne, da sie an den glatten Seitenwänden nicht hochklettern kann, wenn sie hineingefallen ist.

info+

Der Gewöhnliche Krake *(Octopus vulgaris)* kann mit einem einzigen Rückstoß 250 Meter zurücklegen! Zur Fortbewegung zieht er seine Muskeln zusammen und stößt das Wasser in der Mantelhöhle durch einen Trichter aus. Zum Bremsen breitet er seine Arme aus. Auf der Flucht bewegt er sich rückwärts.

Der **Vogel**, der am **schnellsten** fliegt

Wanderfalke

Falco peregrinus

Klasse: VÖGEL

Dieser einzelgängerische Vogel lebt auf praktisch allen Kontinenten in den Bergen, an den Küsten und sogar in der Stadt. Er fliegt im Mittel zwischen 130 und 180 Stundenkilometer, doch bei seinen Sturzflügen wird er mit bis zu 320 Stundenkilometern so schnell wie ein ICE. Der Wanderfalke ist ein geschickter Jäger. Er wechselt zwischen „stehendem" Rüttelflug und Gleitflügen hin und her, um seine Beutetiere (Tauben, Enten, Möwen ...) zu erspähen, die er dann im Flug packt.

Der Strauß legt die größten
Eier: Sie sind im Schnitt
16 Zentimeter hoch und
13 Zentimeter breit und
wiegen zwischen
750 Gramm und
1,6 Kilogramm.

info✚

Der **Vogel**, der am schnellsten läuft

IM SAUSESCHRITT!

Afrikanischer Strauß

Struthio camelus

Klasse: VÖGEL

Fliegen kann der 2,50 Meter große und 130 Kilogramm schwere Strauß nicht. Dafür ist er der Vogel, der sich am Boden am schnellsten fortbewegt: Seine mittlere Geschwindigkeit liegt bei 50 Stundenkilometern, in Spitzen können es auch 70 Stundenkilometer sein. Seine kräftigen Füße enden in zwei Zehen, seine Knie sind flexibel und biegsam. Beim Laufen belastet er seine innere Zehe. Das Männchen erkennt man an seinem schwarzen Gefieder. (Siehe auch S. 40)

info✚

Noch ein Rekord: Der
Strauß ist das Landwirbeltier
mit den größten Augen. Sie
sind 5 Zentimeter groß und
nehmen zwei Drittel seines
Kopfes ein. Das verleiht ihm
eine gute Sehschärfe:
Er kann ein sich bewegen-
des Objekt noch in
3,5 Kilometer Entfernung
ausmachen und hat fast
eine Rundumsicht.

Die langsamsten Tiere

Nacktschnecken

Der Begriff bezieht sich auf mehrere Arten.

Klasse: SCHNECKEN

Nacktschnecken kommen pro Minute etwa 3 Zentimeter voran. Zur Fortbewegung dient ihnen ihr „Kriechfuß", ein Muskel, der sich ausdehnt und zusammenzieht und der durch das Gewicht des Mantels, der hinter dem Kopf gelegenen Partie der Schnecke, am Boden haftet.

Gehäuseschnecken

Der Begriff bezieht sich auf mehrere Arten.

Klasse: SCHNECKEN

Gehäuseschnecken bewegen sich, wie Nacktschnecken, mit ihrem Fuß, sind aber mit 8 Zentimetern pro Minute deutlich schneller. Auch sie bilden mit einer Drüse Schleim, der das Kriechen erleichtert und sie sogar an senkrechten Wänden hält.

Der höchste Baum der Welt

SCHWINDELGEFAHR!

Küstenmammutbaum

Sequoia sempervirens

Dieser in Kalifornien beheimatete Nadelbaum kann 110 Meter hoch werden, also genauso hoch wie ein Hochhaus mit 40 Stockwerken oder wie die 2. Etage des Eiffelturms. Er ist überwiegend an der Pazifikküste der USA zu finden, in niederschlagsreichen Tälern, die zeitweise im Nebel liegen. Der erwachsene Küstenmammutbaum hat auf den unteren Drittel oder der Hälfte des Stammes keine Äste. Dieser Baum ist monözisch (deutsch „einhäusig"), das heißt, er hat gleichzeitig männliche (2 Millimeter große, gelbliche Zapfen) und weibliche Blütenstände (4 Millimeter große, grünliche Zapfen). In Europa wird dieser Baum selten höher als 50 Meter.

info+

Silbermedaille
Der Riesen-Eukalyptus (*Eucalyptus regnans*) ist mit 100 Metern der höchste Laubbaum.

info+

Der riesige Küstenmammutbaums wächst aus einem Samen, der 1 Gramm wiegt. Der weibliche Zapfen enthält etwa 200 Samen. Da sich ihre Wurzeln weit verzweigen, sollte man die Bäume mit mindestens 20 Metern Abstand zum nächsten Haus pflanzen.

Das langsamste Säugetier

LANGSAM, ABER SICHER

Faultiere

Der Begriff bezieht sich auf mehrere Arten.

Klasse: SÄUGETIERE

Die im tropischen Regenwald Süd- und Mittelamerikas beheimateten Faultiere (hier *Bradypus tridactylus*, ein Weißkehl-Faultier oder Ai) bewegen sich sehr bedächtig voran: Sie hangeln sich mit ihren Klauen von Ast zu Ast und legen dabei 3 Meter in der Minute zurück. Am Boden sind sie unbeholfen, können aber gut schwimmen. Faultiere ruhen 15 bis 20 Stunden am Tag.

Der höchste Baum

Die größte Frucht der Welt

DAS MACHT SATT!

Frucht des Jackfruchtbaums

Artocarpus heterophyllus

Die essbare, mild schmeckende Jackfrucht stammt ursprünglich aus Indien und Bangladesch und wird heute in den Tropen fast überall angebaut. Sie kann 25 Kilogramm wiegen und 70 Zentimeter groß werden. Aus der noch grünen Frucht wird ein herzhaftes Gericht zubereitet, reif wird sie roh verzehrt oder zu Marmelade verarbeitet. Gekocht sind auch die Samenkerne genießbar, ansonsten sind sie giftig. Äußerlich ähnelt sie der Frucht des Brotfruchtbaums.

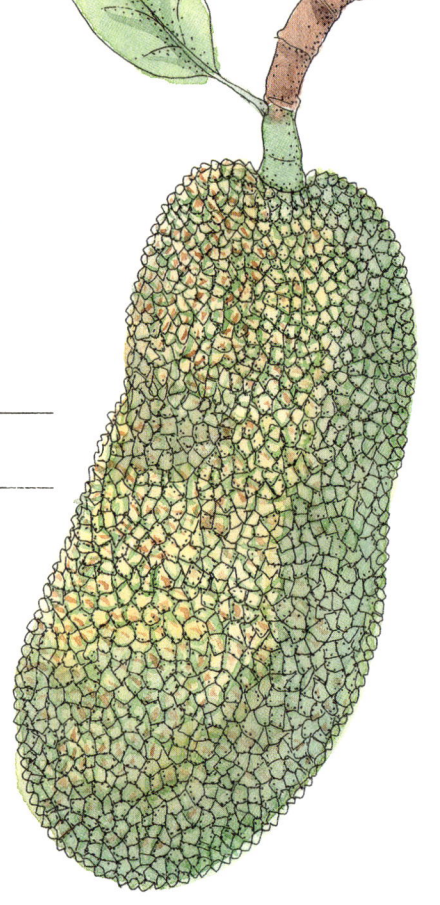

Der dickste und schwerste Samen der Welt

WER MÖCHTE PROBIEREN?

Samen der Seychellenpalme

Lodoicea maldivica

Der Samen der Seychellenpalme wiegt zwischen 25 und 40 Kilogramm und ist zwischen 40 und 50 Zentimeter groß. Seine Form erinnert an einen menschlichen Po. Es kann fünf bis sieben Jahre dauern, bis er reif ist. Sein Fleisch ist essbar und sehr begehrt: Bis zu 250 Euro werden dafür bezahlt.

info+

Die kleinsten Samen der Welt hat die Zwerghirse *(Eragrostis tef)*: Sie sind etwa 0,5 Millimeter groß und in nur rund 6 Millimeter langen Ähren angeordnet.

Die **süßeste** Frucht der Welt

VORSICHT, KARIES!

Frucht der Dattelpalme

Phœnix dactylifera

Der Name dieser Beere geht auf das altgriechische Wort für Finger – *daktylos* – zurück. Eine Rispe kann bis zu 100 Datteln enthalten. Der Zuckergehalt der frischen oder getrockneten Dattel ist fast doppelt so hoch wie der anderer Früchte, sie ist ein wahres Energiepaket.

Die **vitaminreichste** Frucht der Welt

ZUM ENERGIETANKEN!

Buschpflaume

Terminalia ferdinandiana

Die Buschpflaume ist die Frucht eines in Australien beheimateten Laubbaumes. Sie enthält 50-mal mehr Vitamin C als eine Orange.
Ihr Aussehen ähnelt einer grüngelben Mandel von 2 Zentimetern Länge und 1 Zentimeter Dicke. Sie ist essbar und dient zur Herstellung von Marmelade.

Register